너랑 걸어가니 좋다

강석희 사진시집

JW 장원문화

추천의 글

주안교회 위임목사 **주승중**

저는 목회자입니다.
뜻밖에 주어진 길에서도 자신에게 허락된 향기를 안으로 갈무리하며
소중히 가꾸어 가는 사람,
땅의 빡빡한 현실로 인해 소박해질지라도
하늘의 넉넉한 진실을 알기에 성실함을 잃지 않는 사람,
명산대첩의 근사함을 잘 알지만 볼품없이 굽어있는 소나무와 채 다 떨구지 않은 낙엽을
품은 마을 동산에도 시선을 빼앗길 줄 아는 사람…
이런 이들을 만나는 것은 제 작은 기쁨입니다.

그는 변호사입니다.
날카로운 지성으로 법리를 분석하고 혼돈스러울 상황 속에서도 단단히 중심을 잡으며
누군가의 부당함과 억울함을 밝혀주는 사람입니다.
자칫 쌍방이 쏟아내는 말의 홍수 속에 떠내려갈 법한 일상에서도 예술가의 감성과 관점을
놓치지 않는 사람이기도 합니다.
어쩌면 음악가인 아내 덕인지도 모릅니다.

그가 오늘 첫 사진시집을 냈습니다. 강석희님입니다.
정말 축하드립니다.
제게는 놀라운 감동입니다.
이젠 "강변"이 아니라 "강작가"라고 불러야 할 것 같습니다.

유네스코 세계문화유산에 7개 건축물을 등재시킨 스페인의 천재 건축가 안토니 가우디 (Antoni Gaudí i Cornet)는 "직선은 인간의 선이고 곡선은 신의 선이다." 라는 말을 남겼습니다. 그래서인지 바르셀로나의 가우디 건축물에는 곡선으로 가득합니다.
자신의 작품에 신의 손길을 드러내고 싶었겠지요…

강석희 작가의 시와 사진에도 수많은 곡선이 담겨져 있습니다.
"소망을 심었는데 행복이 하늘거린다."는 표현처럼
그의 시는 4B 연필로 꾹꾹 눌러 쓴 듯 곡선입니다.
펼쳐진 하늘과 끝모를 바다와 연이어진 산들에도, 누운 풀잎에 맺혀진 이슬과
이는 바람에 몸을 맡긴 민들레 홀씨에도 곡선의 아름다움을 감추고 있습니다.
그의 펜과 렌즈는 아마도 신의 시선을 담고 싶은 것 같습니다. 아니, 닮고 싶었나 봅니다.
이런 강석희 작가를 만난 것은 분명 또 다른 제 기쁨입니다.
축하합니다. 그리고 감사합니다.

추천의 글

사진작가 **함철훈**

　좋은 사진은 오래 여러 번 봐도 싫증이 나지 않을 뿐 아니라 그 이미지가 차츰 머리에 떠올라 다시 보고 싶어진다. 왜 그럴까? 우리 속에 창조주가 내재시켜 놓으신 아름다움에 대한 욕구 때문이라고 말할 수 있다. 그런데 강석희작가는 사진작업을 시작하게 된 계기와 과정을 얘기하면서 무엇인가 자신도 주체 못하는 끌림이 있었다고 한다. 그의 직업과는 어울리지 않는 몹시 수동적인 자세이다. 주위 친구에게 이끌려 사진기를 손에 쥐게 되었고, 존경하는 사람으로부터 글을 써보라는 권유를 받았고, 가족과 지인들의 도움으로 운명처럼 책까지 출판하게 되었다는 수줍은 변명이다. 그런 강석희작가에게 난 먼저 그가 어떤 일을 해냈는지 알려주고 싶다. 우선 이 책의 제목이다.

　"너랑 걸어가니 좋다"

　강석희작가는 이 제목을 찾아내며 무엇을 생각했을까? 난 그가 누굴 그리며 이 제목을 정했는지 알 것 같다. 그래서 난 행복하고 기쁘게 이 책을 추천한다.

　출판 전 이 책의 초안을 받아들고 내 가슴이 따뜻해졌다. 책을 펼치고 그리고 마지막 장을 닫았을 때의 포근한 여운을 미리 전하고 싶다. 다시 보고 싶은 이미지가 떠올랐다. 특히 그의 고은 어린 시절이 내 마음에 아련히 그려졌다.

대부분의 직업과 학문이 그러하듯 그 자체의 결과물이 목적을 넘어서는 디딤돌로 쓰이곤 한다. 사진작업 또한 결과물인 작품들이 목표로 끝내기보다는 더 높은 상태로 발전하기 위한 한 칸의 사다리가 되기를 바란다. 강석희작가의 이 책이 바로 그러하다. 그리고 그는 조심스레 우리에게 속삭인다. 당신이랑 걸어가니 행복하다고. 기꺼이 그의 수줍은 초대에 응하기 바란다. 거기에는 사랑이 있고 강석희작가가 오늘까지 살아오면서 깨달은 하늘의 비밀이 숨어있다. 그가 이 책으로 한 일은 수동적으로 하나님께 받은 선물을 묶어 본 것이다. 그래놓고 그는 아름다운 자신의 책에 어리벙벙해한다. 다른 예술장르에 비해 사진은 스스로 당당하기 어려운 예술임을 그는 알게 된 것이다.

사진은 인간의 땀 냄새가 없을수록, 하늘로부터 거저 주어진 선물에 어리벙벙해 할수록 다음 작업을 위한 좋은 인성이 계발되는 것이다. 생각의 깊이를 사진으로 더하는 길의 여정을 이 책 곳곳에서 과장 없이 풋풋하게 볼 수 있다.

마지막으로 이 책을 준비하며 형성된 그의 인성이 변호사 본연의 일에도 아름다운 영향을 끼치길 기원한다

2021. 10.
불가리아 소피아에서
함철훈 드림

추천의 글

시인 강창훈

  이번에 첫 시집을 준비하고 발간하는 저자는 경북 영덕에서 태어나 시장에서 장사를 하시고 연탄배달과 함께 하숙집으로 생계를 꾸렸던 성실한 부모님 밑에서 태어나 산과 바다를 보면서 성장하는 가운데 이미 시적인 감성을 키웠고 학문의 꿈을 펼쳐 사법고시를 합격 한 후 현재 변호사로 활동하고 있다.

  저자의 문학적 토양은 순수 그 자체여서 땀 흘려 일했던 어머님과 뛰놀았던 고향 산천과 바다 그리고 사랑하는 아내를 향한 애틋한 마음들과 더 깊이 나아가 하나님을 사랑하고 그 사랑을 실천하는데 뿌리를 두고 있다.

  저자의 시집 원고를 보면서 순수한 시적 감성과 사랑의 그윽한 향기가 온몸으로 전해져 오기에 이 시집을 읽는 이마다 아련한 동심의 추억들이 되살아나고 가족 사랑에 대한 훈훈한 정감을 느끼게 될 것이기에 기쁜 마음으로 추천하며 가슴마다 사랑과 행복이 더해지기를 바라고 소원한다.

2021. 10.
추천인 문예사조, 총신문학회, 한국크리스천문학회 회원
죽송 **강창훈**

작가의 글

강 석 희

올해 쉰 둘!

쉰이 되던 해에 사진을 찍기 시작하고, 2년 후에 시를 쓰기 시작하였다. 그리고 어떠한 끌림에 이끌리어 사진시집을 출판하기에 이르렀다. 내 인생에 선물처럼 주어진 이 모든 것들, 어찌 여기까지 왔나 곰곰이 되돌아 보았다.

노래를 부르는 아내가 몇 년전에 작은 규모로 콘서트를 매달 진행하였는데, 항상 문명찬 감독이 사진을 찍어 주었다. 나도 핸드폰으로 열심히 찍었는데, 나중에 결과물을 보면 엄청 차이가 났다. 어느 순간 사진을 배우고 싶다는 겨자씨 같은 마음이 생겼고, 드디어 2019. 4. 3. 사진작가이자 친구인 송정근과 함께 남대문시장에 가서 중고카메라를 구입하였다.

카메라에 대해서는 아는 것이 전혀 없었다. 혼자 유투브로 조리개, 셔터스피드, 감도 등 기초부터 공부하였고, 열병에 걸린 것처럼 사진을 찍었다. 처음부터 거창한 사진작가를 꿈꾸지도 않았고, 스스로 동네출사자로 자리매김을 했기에 마음은 편했다. 주중에는 시간이 잘 나지 않아서 출근길에 가방에 카메라를 넣고 다니면서 오가는 길에 이것저것 찍어 보았다. 사진을 찍으면서 달라진 것은 이전에는 그냥 무심코 지나친 거리의 풍경, 사람, 사물도 하나하나 유심히 보면서 의미를 느끼려고 한다는 것이었다. 진짜 카메라 하나만 어깨에 매면 심심한 줄 몰랐다. 그러다가 어디로 여행을 가게 되면 평소와 다른 색다른 장면을 찍을

수가 있겠다는 생각에 마음이 설레고, 시간의 여유가 있을 때에는 어떤 장면을 기다리면서 찍기도 하였다.

    코로나 기간에는 여러 가지 힘들고 불편한 점도 많았지만, 접사사진을 찍을 기회가 많아진 것은 또 다른 즐거움이었다. 야외로 다니는 기회가 줄어들다 보니 자연히 주변에 있는 작은 꽃에 관심을 갖게 되었다. 이전에는 이름조차 잘 몰랐던 달개비, 꽃마리, 살갈퀴, 씀바귀, 개망초, 고마리, 민들레 등의 들꽃이나 잡초, 이슬 등이 눈길속으로 들어왔고, 나의 발길을 끌어당겼다. 들꽃을 사진으로 담기 위하여 땅에 바짝 엎드려 더 가까이 다가가기 위하여 노력하였고, 이때 옷에 흙이 묻는 것은 예사로운 일이었다. 꽃에 가까이 다가가 접사사진을 찍을 때 마다, 나를 향해서도 이렇게 가까이 다가와 사랑스럽고 관심있게 바라보실 주님의 마음이 실감나게 느껴져 묘한 감동이 일어나곤 하였다.

    사진 취미를 가지면서 피사체를 향한 나의 마음은 2019. 8.경 인스타그램 계정을 만들 때 올린 글에 잘 드러나 있다.

    "저는 최근 사진을 취미로 시작한 사람입니다. 하나님이 창조하신 아름다운 자연과 특별한 존재로 지음받은 한 사람 한 사람의 내면적, 외면적 아름다움을 사진기라는 도구를 통해서 잘 담아내고 싶습니다. 사진은 현실의 모습을 전달하는 매체로 머무르지 않는 창조적인 예술입니다"

    실제 결과물이 나의 부족함으로 제대로 나타나지는 못하였을지라도 심중에는 이런 마음이 있었다.

이렇게 혼자 즐거워서 사진을 찍다가 2021년 2월초에 친구의 소개로 김원선생님을 만났다. 사진을 오래 찍어온 분이었고, 음악, 영화에도 조예가 깊었다. 만나서 이런저런 조언을 듣는데, 가장 강조한 부분이 감성과 스토리텔링이었다. 사진에 대한 기술적인 부분이 어느 정도 해소되면, 결국 감성의 깊이에 따라 사진이 표현될 수 밖에 없기 때문에 감성을 끊임없이 발전시켜야 한다는 것이다. 그리고 기존 작가들이나 취미 사진가들의 훌륭한 사진들이 이미 많기 때문에, 사진에 자신만의 스토리텔링이 있는 것이 진정 가치가 있는 사진이라고 말씀하였다.

선생님은 감성을 발전시키기 위하여 책이나 영화, 음악 등을 소개해 주었는데, 그 중 '시를 잊은 그대에게(정재찬 지음)'라는 책을 지하철 출퇴근 시간에 읽었다. 대부분의 사람들과 마찬가지로 고등학교를 졸업한 이후 거의 시를 읽지 않았는데, 이 책은 지겹지 않고 재미가 있었다. 문득 사진에 대한 스토리텔링을 시로 표현해보면 어떨까 하는 약간의 무모한 생각이 고개를 들었다. 사진을 한 장 한 장 꺼내서 사진을 찍을 때의 생각, 다시 사진을 보면서 느끼는 감정을 글로 끄적거려 보고 시의 형태로 다듬어 보았다. 얼핏 보면 시로 보이는 것 같기도 하였다. 그래서 주변에 사진과 시를 같이 공유하기 시작하였는데, 사진만 찍지 시는 또 뭐냐는 걱정 어린 반응도 많았다.

그래도 마음속에 치올라오는 뜨거움은 어쩔 수가 없었다. 아이가 어느 순간 말문이 터지듯 사진을 보며 떠오른 시상을 끊임없이 적어 보았다. 이렇게 2021. 5. 4. 처음 쓰기 시작한 시가 거의 백편에 이르렀다. 출퇴근길 지하철은 나의 전용 작업실이다. 아무리 붐비어도 마음속에 떠오르는 시상을 기록하고, 수정하는 시간이 너무 즐거웠다.

시를 짓는 순간은 특히나 소중한 시간이었다. 어릴 적 산골에서 할아버지, 할머니 밑에서 자라던 시절, 아버지, 어머니, 그리고 가족들과의 소중한 순간, 고향, 주변의 소소한 풍경들이 마음 한켠에 아련하고 그리움으로만 자리잡고 있었는데, 이러한 기억속 모습들을 뒤적이며 끄집어내어 아름답게 시로 담아낼 수 있어서 좋았다. 그리고 시를 쓰면서 사진도 달리 보게 되었다. 그 전에는 사진 자체의 완성도가 떨어진다고 나름 여겨지던 것들은 뒤로 빼놓았는데, 시상을 떠오르게 하는 것들이라면 다시 꺼내어 생명력을 부여하였다.

이 책의 사진, 시는 제대로 배워서 입문한 것이 아니기 때문에 전문가들의 시각에서 보면 부족한 부분이 많이 눈에 띌 것이다. 하지만 평범한 사람도 예술과 인문학의 세계에 편하게 접근할 수 있다는 것을 보여 주고 싶기도 했고, 아직은 청년 같은 중년에 살짝 접어 들어서 사진과 시라는 매개를 통하여 나의 이야기를 나누고 싶다는 마음이 컸다.

주변에 감사의 말씀을 드리고 싶은 분이 많다. 시답잖은 사진과 시를 카톡방에 올려도 욕하지 않고 따뜻하게 격려해준 수 많은 지인들, 사진봉사를 하면서 섬기는 모습을 진하게 각인시켜준 문명찬감독님, 신원향교수님, 그리고 사진을 찍을 때에 어떠한 감성과 스토리를 가지고 찍어야 되는지에 대한 대전환점을 가져다 주었고, 또 시를 쓸 수 있도록 가장 큰 계기를 만들어 준 김원선생님, 사진과 시가 책으로 출판으로 이어지는 데까지 길을 안내하고 용기를 북돋워준 장원출판사 원병철 대표와 원혜임과장, 박경희대리께도 진심으로 감사를 드린다.

그리고 주 안에서 한 동역자요, 언제나 지지해주고 격려해주는 사랑하는 아내 황지영에게 감사하다는 말을 전하고 싶다. 아내에게는 시를 지을 때마다 '함 들어봐라'며 말할 수 없는 정신적 고문을 가하였는데, 이 자리를 빌려서 정말 미안하다는 말과 함께 사랑한다는 말도 전하고 싶다.

　애당초 사진을 찍거나 시를 쓰는 재주는 나에게 있던 것이 아니었다. 어떠한 싹수도, 자질도 보이지 않았기에, 이는 전적으로 하나님의 선물이라고 고백하지 않을 도리가 없다. 모든 것이 감사할 따름이다. 앞으로는 함철훈작가의 말씀처럼 사진과 시가 감성에서 영성으로 더 발전되기를 바랄 뿐이다.

2021년 10월
강릉 제비농장에서

Contents

- 1부 풍경과 시 -

빛 가운데로　20
한 나무　22
개항장거리　24
해방촌　26
휴식　28
비상　30
북성포구　32
지난 흔적　34
곡주와 홋줄　36
청보리밭　38
금진항에서　40
고사목　42
안반데기의 바람　44
이끼계곡의 감탄사　46
영실 오르는 길　48
북촌에서　50
낙선재　54
흥인지문　56
출근길　58
한강　60

주실마을　62
뒤안　64
일출　66
아부지와 자전거　68
빛바랜 등대　70
몽돌　72
철길　74
질문　76
바람은 시인이다　78
도시의 그믐달　80
함박눈　82
야설경　84
언제나 옆자리에　86
산중에 가을이 오는 소리　88
까치밥　90
바다로 간다　92
새벽기도　94
구름　96
돌담　98

- 2부 작은 생명과 시 -

새벽이슬   102
생명의 빛   104
너랑 걸어가니 좋다   106
친구   108
달팽이   110
그대 손 지그시 잡고   114
찔레꽃   116
씀바귀꽃   118
꽃마리의 봄노래   120
솔향기 가득한 그 곳   122
풀숲고랑 괭이   124
앵두   126
수양벚꽃   128
천사의 나팔소리   130
빛 바랜 윤슬   132
잡놈   134
마른 풀이파리   136
밤톨   138
알밤   140
민들레의 일생   142

거미줄   152
장닭과 달개비   154
이슬방울   156
매화향기   158
살갈퀴   160
호지말 고양이   162
호두는 누구의 소유인가   164
대한민국 상위 0.01%의 삶   166
개망초   168
호박지킴이   170
그 곳의 포도나무   172
씨를 뿌리니   174
고마리꽃   176
가을 벼   178
고라니   180
왕고들빼기꽃   182
미국쑥부쟁이   184
정구지꽃   186
법조타운의 현수막   188

- 3부 사람과 시 -

모델   192
어머니의 리모컨   194
어린 시절   196
사랑이 한 웅큼   198
엄마와 딸   200
모정   202
꿈꾸는 청년   204
소녀의 미소   206
촌놈들   208
노다지   210

희망의 빛 속으로   212
부평깡시장의 새벽   214
장날 가는 길   216
토마토 한 봉다리   218
배수의 진   220
이 남자의 미소   222
윗고 살아라   224
언덕을 차오르며   226
가까이, 더 가까이   228
원로   230

1부 풍경과 시

너랑
걸어가
쯤다-

빛 가운데로

빛이 내려옵니다
새벽 차가운 바람 지나서
힘차게 내려옵니다
진한 외로움에 갈래갈래
찢어진 마음 쓰다듬으러
갈래갈래 갈라져서 내려옵니다

빛이 속삭입니다
새벽 파란 그림자 뒤에서
향그럽게 속삭입니다
한치 앞도 알 수 없는 인생길
어깨동무하며 같이 걸어가자고
양팔 활짝 펴고 기다립니다

잠시 머뭇머뭇거리다
한 발자욱씩 발걸음 떼어봅니다
마음 한 귀퉁이 파여진 곳에도
빛이 조금씩 차오릅니다

빛이 내려옵니다
다정하고 향그런 빛줄기가
나를 가득 에워싸고 있습니다

한 나무

독수리 날개처럼
푸른 가지 활짝 펴고서
말없이 묵묵히 서 있는
한 나무가 있습니다

그늘 아래 깃들어
편안히 쉬기도 하고
세찬 비바람도 피했습니다
여름의 지독한 뙤약볕도
겨울의 휘몰아치는 눈보라도
온 몸으로 막아 주었습니다

정작 그 나무는
비바람의 인정없는 사나움을
태양의 매서운 열기를
의지할 곳 없이 온 몸으로
고스라니 견디어 내었습니다
지난 겨울에는
묵직한 눈무더기에 눌려
가지 하나가 아래로 맥없이
휘어도 졌네요

오늘은
두 눈 조용히 감고
토닥토닥 어루만지는 새벽안개에
지친 몸과 마음을 기대면서
숨가쁜 호흡을 잠시 고릅니다

다시 잎에 푸른 생기가 돕니다
큰형 같습니다

개항장거리

새롭고 낯선 격동의 시대
각양 진기한 서양의 문물이
가장 먼저 발걸음 내딛던 곳
미추홀 땅

부두에서 하역하는 노동자의 진한 땀냄새와
거래를 성사시키려는 상인들의 노련한 언변과
진리의 말씀을 전하려는 선교사들의 진중한 발걸음이
한데 어울려 활기 넘치던 땅

그 틈바구니로 슬그머니 끼어 들어온
초대받지 않은 긴 칼과 군홧발

긴 세월의 아픔과 애환은
그 때가 다함에 따라
짠 바다바람에 휑이 날아가고
흰 구름따라 아득히 흘러갔다

그 시대로의 재진입은 엄격히 금지되고
그 뜻은 땅바닥에 깊이 각인되어
보는 이로 하여금 가슴이 서늘해진다

다만 이국의 풍경만이
따뜻한 햇살받아 평화롭다

해방촌

남산자락의 하늘이 어스름해질 무렵
한갓진 소월길을 산들거리며
가볍게 걸어내려간다

꼬불꼬불 구비친 모퉁이길을
살짜기 휘감으며 돌아가니
유럽의 멋진 해안도시 같은
낯설고 아름다운 풍경에
눈이 휘둥그레진다

시대의 거친 소용돌이속에서
정든 고향을 떠난 사람들
한 몸 같은 가족, 친구와 생이별한 사람들이
옹기종기 모여서 서로 상처 싸매주며
살비비고 살던 동네

미치도록 그리운 그리움이
세월의 미세기에 따라
겹겹이, 층층이 쌓이면서
아름다운 나이테 만들어
고요히 터를 잡고 있다

검짙게 드리워진 구름
언덕위에 홀로 서 있는 예배당
아! 그 사이로 은은하게 퍼지는 빛무리

*미세기 : 밀물과 썰물을 아울러 이르는 말

휴식

어느 이름 모를 선착장에서
홀로 닻을 내리고 있는 작은 배

길고 거친 바닷길에
온 몸의 기운이 다하였구나

잠시 안개옷을 껴입고는
몸을 웅크린 채 깊은 호흡 가다듬는다

가슴에는 또 다시 대양을 누빌
부푼 꿈을 품으며

강화 동검도

비상

마시안 해변의
잔잔한 파도우에
하아얀 해무 우련하다

어느 옛적
어느 바다 바람에
갈기 멋지게 휘날리며
해변을 달리던
옛사람의 향기는
아직도 비릿하게
남아있고

한 마리 바다새
날개죽지 쫙 펴고
우련한 해무속으로
유유히 날아간다

태고적 가슴 벅찬 추억을
아릿하게 반추하며
꼭 다문 부리에서
고운 하늘 찬양이
조용히 흘러나온다

*우련하다 : 잘 안 보일 정도로 보일 듯 말 듯 희미하다

북성포구

유유히 나는 갈매기를 길잡이 삼아
좁다란 골씨위로 한 척 두 척 어선이
꼬리 물며 들어와 장사진을 치니
적벽의 연환선

갑판위에는
광어 꼴뚜기 쭈꾸미 꽃게 박대의
파닥파닥 와자지끌한 소리와
시집간 딸자식 주려 새우젓 흥정하는
할머니의 쉰 목청이 정겹게 어우러지고,
줄서서 기다리는 손수레, 양동이 위로
기웃거리는 갈매기의 매서운 눈초리

한적한 포구에 꽃핀
파시의 찬란한 신기루는
갯바람에 실려 날아가고,
흡족한 갈매기의 풀린 눈

석양빛 포구의 한 귀퉁이에는
다시금 한뜸 한뜸 그물을 손보는
늙은 어부의 묵묵한 손놀림과
고운 입김 흩뿌린 저녁바다 그리워
목을 길게 뺀 공장들의 연기

*골씨 : 골보다 깊고 두멍보다는 얕은 바다
*연환선 : 삼국지의 적벽대전에서 조조군이 배와 배를 연결하여 묶은 것
*파시 : 고기가 한창 많이 잡히는 때에 바다 위에서 열리는 생선시장

강화 동검도

지난 흔적

안개비 오는 날
망연히 서서 지난 흔적 바라보았다

구비구비 길게도 패였구나
상처 하나 생겨서 겨우 아물라치면
또 생기고,
나중에는 폭풍처럼 밀려와
정신이 아득하구나

선명하게 깊이도 패였구나
이 악물고 마냥 버티기에는
그 상처가 너무나 깊고 깊어서
통곡소리가 삐져나오는구나

새벽 안개가 짙게 몰려오면
눈물 골짜기 메어지려나
때 되어 밀물 들어오면 어찌 되려나
작은 손으로라도
메워보려고 애를 써 보았지

하지만,
다 부질없었다

해가 떠오르면 상처는
다시 고스라니 드러났고
물살이 훑어 나갈 때마다
아픔은 쓰라리고 아렸다

어찌 할 도리가 없어서 맥을 놓고
흐릿한 안개만 멍하니
바라보고 있을 때
새벽 안개속을 유유히
나르는 바다새
포근한 날개밑으로 허물어진
어깨를 품어주며
사랑 가득 머금은 하늘 바람
솜털 같은 손으로 깊은 상처를
어루만진다

해와 달이 뜨고 지며
물길이 드나들기를
수백 번, 수천 번

이제는 애써 흔적을 메우려고도,
절망에 겨워 몸을 가누지 못하거나
절절한 외로움에
눈물 흘리지도 않는다
도리어 밀려오는 세월의 물살에
몸을 비틀지 않고
고요하게 넉넉히 받아 들인다

안개바람 부는 날
초연히 서서 지난 흔적 바라본다

곡주와 홋줄

갈매기 서러웁게 날으며
부둣가에서 마른 울음 울 때
나는 당신을 말없이 기다립니다

바람 살포시 불어
뱃사람 땀내음 품어오면
혹여 목빼어 당신을 기다립니다

폭풍우 치던 날
오들거리는 당신의 손을 꼬옥 잡으며
뜬 눈으로 함께 지새운 그날 밤 기억이
나의 가슴 속에 선명한 별이 되었습니다

먼 바다에서 돌아와
고되고 여윈 몸 살며으시 기대어 오면
따개비 덕지덕지 붙은 낡고 투박한 팔로
나는 당신을 포근히 감싸주렵니다

기다림은 나의 숙명이기에
오늘도 고요히 당신을 기다립니다

*곡주 : 부두에 접안한 선박을 고정하기 위해 줄을 묶는 쇠기둥
*홋줄 : 항구에 정박한 배가 흔들리지 않도록 부두와 배를 연결하는 밧줄

청보리밭

오월의 부드러운 바람결은 청보리밭색
사랑스런 여인의 머리결을 어루만지듯
다정하고 보드랍다

사과꽃 솎아내는 어머니의 콧잔등에
땀방울이 송글송글 맺히면
청보리밭 머물다 온 바람이 살랑살랑

막내 아들 다가오면 흙 묻는다고
손등으로 가볍게 밀쳐내면
철없는 아이 좋아라
청보리밭 사이로 날아간다

아득한 그 시절 청보리밭 사이로
뉘-부르는 노래가락은
어머니의 사랑노래인가
고향의 정겨운 바람노래인가

금진항에서

하늘은 어디에 있는가
희뿌연 안개 희미하구나

많은 물소리, 웃음소리 들리는 듯 한데
가시와 눈물 배어 나오니
아직은 아득하구나

아주 작은 물새 한마리 궁창을 날으니
저기가 거기련가

바닷가 붉은 등대
따뜻한 눈으로 어루만지니,
물새의 날개쭉지 힘 들어간다

꾸불꾸불 굽은 발걸음
새털처럼 가벼이 날아간다

枯死木

발왕산 비탈진 등성이에
오도카니 서 있는
고사목 한 그루

스스로에게 허락된
푸른 세월을
고스라니 견뎌내느라

생채기와 옹이
아롱지게 가슴에 새긴 채

흰 구름 맑은 바람
소곤소곤 산새소리 벗삼아
말없이 몸짓없이

지난 세월의
메마른 더위
세찬 눈보라
사람들의 싸나운 눈초리는
아득한 기억 저편에 남겨두고

새벽 어스름
하아얀 안개 맡으며
의연히 터잡고 서 있다

푸르른 그 시절 보다
죽어 메마른 지금
志操의 향기 배어남은
무슨 연유일까

안반데기의 바람

백두대간 닭목령 위
바람과 안개의 나라

바람나라 기골장대한 장수의
위이잉위이잉 추상같은 명령에
노오란 달맞이꽃, 금계국도
오르막길 하아얀 개망초꽃도
새벽 이슬 머금은 연두색 풀잎도
공손히 머리를 조아린다

바람왕은 때때로 용포자락으로
자욱히 뒤덮은 안개를 흩어
가없이 이어지는 산맥과
푸르고 드넓은 배추밭을 보여 주시고
맑고 영롱한 새소리도 들려 주신다

바람의 나라에서는
잠잠이 기다리며 순응하는 자만이
안개 걷힌 새벽 산하를 볼 수 있다

백두대간 안반데기는
바람과 안개의 나라

이끼계곡의 감탄사

이끼계곡에 들어서면
우와……!

이끼계곡을 올라가면
오우……!

이끼계곡에 발담그면
오매……!

이끼계곡에 머무르면
이야……!

이끼계곡을 내려오면
에휴……!

이끼계곡의
감탄사는 진녹색이다.

영실 오르는 길

영실 오르는 길
안개 자욱하다

잔잔한 길 걸으면서
새들과 합창하고
깔딱고개 넘을 때
가쁜 숨 연신 토해낸다

어지러운 바람에
살짝살짝 드러내는
부러진 가지, 더러워진 돌
안개는 순백의 하얀 손 펴서
넉넉히 품에 품는다

영실 오르는 길
외롭고 쉬이 지칠 수 있는 길
그대의 손 잡고 걸으니 행복하다
그대만이라서 감사하다

*영실 : 한라산 등산로 코스

북촌에서

어느 해 그리운 초겨울
대학로 로마의 휴일에서 처음 본
바다색 맑은 눈빛의 어여쁜 아가씨
수줍고 어색한 공간에
털털한 웃음과 맑고 잔잔한 미소가
커피의 뽀얀 향기 따라 모락모락 오르고
창밖에는 하늘하늘 눈이 내린다

옅은 노을빛 저녁
북악스카이웨이 팔각정에서
붉은 산머루차를 다소곳이 마시면서
서로를 향한 떨리는 마음이 미세하게 감지되자
밤하늘에는 반짝반짝 별이 빛난다

싱그러운 느낌 가득한
예술의 전당 음악당 앞에서
느릿느릿 걷고 있는 다정한 연인
바람결에 묻어온 달빛이 다정스레 어루만진다
꼭 잡은 손길에 전해지는 그녀의 사랑스런 맥박,
상큼한 자두향 같은 그녀의 향기에 취하자
가슴은 설레임 가득 안고 두둥실 하늘을 난다
풋풋한 두 사람의 앞날을
실눈뜬 초승달이 은은하게 비춘다

새벽 커피향기 진하게 배인
안목해변가 모래위를 걸으면서
물결치는 파도위 찬란한 윤슬에 가슴이 벅차
사랑하는 그녀에게 '어항이 되어 주겠노라
마음껏 헤엄치며 풍당풍당 뛰놀 수 있게…'
그리고 기억도 나지 않는 수 많은 약속들이
호기롭게 푸른 허공으로 뱉어졌다
지나가는 갈매기가 걱정스럽다는 듯
끼룩끼룩 웃음 운다

저녁 짙은 먹구름은 서서히 밀려오고
강남의 화려한 불빛 사이를 지나갈 때
바다색 맑은 눈빛을 가진,
상큼한 자두향 같은 향기를 내뿜던 그녀는
기억도 나지 않는 그 많은 약속들을
하나하나 조근조근 읊조렸다
마치 운율이 있는 시처럼…
답이 궁한 남자는 머리를 끄적이며
'조금만 기다려봐라
곧 좋은 날 있을끼다'라며
지난 세월 동안 한결같이 우물우물한
장담을 지치지도 않고 되새김질한다

그렇게 살아오기를 20년!

어느 날은 가파른 산길을 숨가쁘게 오르고
어느 날은 호젓하고 이쁜 오솔길도 걸으며
파노라마처럼 이어지는 삶의 고갯길마다
함께 울고 웃던 한 남자와 한 여자는
어느듯 속까지 향그럽게 익어간다

가을날 하이얀 뭉개구름 피어오르고
고풍스럽게 어우르진 북촌의 꼬불랑 언덕길에서
두 사람은 서로의 손을 잡고 말없이 바라본다
영원한 사랑을 속삭이면서…

따사로운 햇살과 길가에 놓인 이쁜 꽃들이
춤추고 노래하며 축복한다

낙선재

고즈넉한 늦가을 오후
툇마루에 다소곳이 앉은 여인의
주름진 이마에 패인 작은 고랑마다
나른한 햇살이 간질듯 어리었다

혹여 반가운 이 찾아오나
활짝 열려진 대문쪽을 물끄러미 내다보지만
마른 바람만 무심히 지나간다

덕수궁쪽으로 늬엿늬엿 해가 기울자
미련 남은 햇살은 마당 안으로 깊숙히 파들어오고
여인의 아득한 그리움도 더 깊어진다

애틋한 마음을 어찌할 도리가 없어
따사로운 햇살길 따라 그리움 실어 보내니
한 늙은 아비의 모습이 보인다
유치원 가는 어린 딸의 손을 사랑스레
꼭 잡고 유현문까지 바래다주는,
체통도 잊은 채
행복 가득한 웃음 품고

시대를 원망하지 않으려
사람도 원망하지 않으려
말을 잃어 버린 이 여인에게도
그리움이라는 소중한 친구가 곁에 있으니
툇마루의 지는 햇살이 서글프지만은 않다

내일에도 따사로운 햇살은 곱게 비치리라

(시적 배경 : 어느 가을날 오후, 덕혜옹주가 말년에 고국으로 돌아와 살았던 창덕궁 낙선재의 툇마루에 2시간 정도 앉아 있으면서 그녀의 마음을 더듬어보며 사진을 찍었다. 암울한 시대의 틈바구니 속에서 우울증과 실어증에 걸린 그녀가 대문 사이로 길게 들어오는 햇살을 따라 덕수궁에서 살던 어릴 적 시절로 돌아가면, 늙은 아버지인 고종이 유치원에 가는 어린 딸의 손을 사랑스럽게 잡고 유현문까지 바래다주는 정겹고 애틋한 모습이 아련히 그려진다)

흥인지문

청계천의 이끼 낀 물보라에
달빛 어리어 은은하게 물들고
한가로이 이는 바람에 살포시 등 떠밀려
발걸음 뚜벅뚜벅 낙산으로 향한다

도시의 화려한 빛줄기는
무엇이 그다지도 바쁜지
앞만 보고 숨가쁘게 달려가고
당당한 위용을 드러내는 낙산 비탈의 옛 성문에는
어둑어둑한 도심의 그림자가 드리워져 있다

이토록 아름다운 땅에 어진 뜻을 세우고자
수 백년 세월의 모진 풍상을
온 몸으로 받아내고 견뎌낸 돌담의
깊은 상흔이 오늘따라 애처롭다

일제의 말발굽아래 있던 암울한 시절
지멋대로 한양의 성곽문을 철거하려 하다가
임진년 자기 나라 장수가 입성한 문이라는
요쌍스러운 이유로
돌 위에 돌이 온전히 남겨진 사연은
순전히 반달 닮은 옹성 덕분이던가

오늘 밤에도
양 날개 한아름 펼쳐 아물지 않은 상흔들을
가슴속으로 품어 안고 보듬느라
소박한 달빛 스며드는 옛 성문은
고요히 숨길 고르고 있고

돌담 갈라진 틈새로
죽순같은 십자가는
고개를 빼꼼히 내밀고 있다

출근길

어느 늦가을 아침
나즈막한 언덕길에
사부작 바람이 일렁인다

간밤에 길우로 떨어진 낙엽이
사각거리며 이리저리 나부끼다
나무 그림자 속으로 사라진다

지난 여름의
뜨겁고, 행복하고, 달콤한,
더러는 버거운 기억들이
행여나 낙엽에 뒤섞이어
세월의 그림자 속으로
오롯이 사라질까 저어하여

나는 옷깃을 단디 여미고는
종종걸음 치며
낙엽 떨어진 길을 바삐 지나간다

한강

시내버스 타고 잠수교에 내리자
바다로 향하던 여린 햇살이 되돌아 반기며
잔물결 우로 고운 윤슬 흩뿌린다

머얼리 날렵한 황금성 우로는
날개짓 게으른 갈매기가 꿈꾸듯 노닐고
옹기종기 세빛섬 둔치 우에는
떼지어 부산스럽게 날아 다니는 고추잠자리의
날개바람이 자못 시원하다

구름 너머에는 색고븐 노을
그 사이로 알알이 칸칸이 채우고는
지하철은 삼각지를 향해 철교우를 힘차게 달음박질한다

층층 먹구름 틈새로
설핏한 석양빛이 부채살처럼 드리우자
잠잠하던 파도가 순간 일렁인다
아마 어매가 시골 그랑을 건너면서 떨어뜨린 그리움이
천리 물길 헤치고 달려오나 보다

나는 바위에 앉아
백석의 시 '고향'을 나즈막히 읊조린다

그리움이 흘러온 곳을 아스라이 바라보면서

주실마을

일월산 주곡 자락에
가을이 곱게 내려

노오란 나락
연분홍 코스모스

한가로이 이는 솔바람
옥빛 정다운 구름

시인의 지조는
차운 꽃잎에 배었고

꽃향기 가득한 논둑길은
그리운 고향의 흙냄새

가슴속 한 웅큼 채우려
홀로 호젓이 거닌다

뒤안

동해안을 따라 길게 뻗은
낙동정맥의 한 자락 언저리
하늘 아래 첫 동네는
나의 고향

몇 채 되지 않는 집들이
옹기종기 모여 살면서
저녁 굴뚝에 하얀 연기가
모락모락 피어오르던 곳

늦가을에는 뒤안에 김장독을 묻고
겨우내 짠지를 꺼내 먹었다

산에서 해온 뚱거지와 물거리로
밤새도록 군불을 때고는,

할매는 뒤안에서 짠지를 꺼내와
손으로 길게 쭉쭉 찢어서
밥숟가락우에 올려주고,
어린 손자는 뜨끈한 아랫목에 앉아서
새새끼처럼 날름날름 받아 먹는다

어느듯 반백의 세월이 흘러
손자에게도 흰머리가 듬성듬성

부러 땅에 김장독을 묻고서는
겨우내 아련하고 농익은 그리움을
한 포기씩 꺼내 먹는다

*짠지 : '김치'의 방언

*뚱거지 : '장작'의 방언

*물거리 : 땔나무의 하나. 잡목의 우죽이나 굵지 않은 잔가지 따위와 같이 부러뜨려서 땔 수 있는 것들

일출

사브작 일렁이는
마음속 여린 물결에 이끌려 다다르니

어둠은 미처 옷깃을 여미지 못하고
저 먼 수평선에는 아질아질 물안개가 자욱
거친 파도 마루 위로는 사나운 물보라

도동 도동 도도동
은은한 붉은 소고의 전주가
새벽 하늘과 바다를 서서히 물들이고

두둥 두둥 두두둥
화안한 광명체 쑤우욱 올라옴은
지난 네 째날 영광의 아련한 그리움인가

가파른 갯바위 끝에 서서
영원을 향한 애끓는 소망의 마음
한 조각 하아얀 구름따라
꿈꾸듯 날으는 바다새의 날개짓 따라
아득히
아득히

아부지와 자전거

땀방울이 송송
가쁜 숨 내쉬면서도
자전거는 멈추지 않고
오르막 끝자락 이발소로
신나게 올라간다
앞자리에 아부지
뒷자리에 나를 태우고서

이발사의 현란한 손놀림 사이로
홀연히 날아오는 아부지의
뜨거운 아들 자랑이
몽글몽글한 하이얀 거품에 뒤섞이면서
나의 머리도 파라니 하얘졌다

아부지는 등뒤에서
함빡 웃고 계시고

여름 내내 그랑에서
왁자지끌 물장구 치고
냇가 솥냄비에서 끓어 오르는
뿌구리탕의 찌인한 여운이
여전히 혀끝에서 맴도는데,
사랖을 나서는 자전거는
터미널까지 시무룩하니 달린다
앞자리에 아부지
뒷자리에 나를 태우고서

버스 안에서 머쓱하게 손 흔드는
중학생 아들이 객지로 떠나자
못내 섭섭한 아부지는
그 자리에 우두커니 계시고
유리창만 바람에 파르르 떨리운다

어느듯 나도
그 시절 아부지 보다
성큼 지나친 나이가 되었는데…

*그랑 : '개울'의 방언
*뿌구리 : '동사리'라는 민물고기의 다른 이름

빛바랜 등대

바닷가 외딴 곳에
홀로 선 빛바랜 등대가 있다

밤새 발 밑까지 쳐올라온 거친 풍랑
속울음 꾹 삼키며 버티어 내니
바다는 새벽안개 자욱한 호수가 된다

서러운 외로움이 질기게 감겨와도
바람을 구름을 바다새를 친구 삼아
한 세월 걸어온 여정이 먹먹하여
스스로 어깨를 토닥여준다

바랜 빛이나마
삶의 향방을 잃은 자에게
한 번이라도 작은 이정표 되어 주었다면
이 세상에 태어나 걸어온 고단한 발걸음도
값지다 여기시지 않겠는가

바닷가 외딴 곳
빛바랜 낡은 등대는
오늘도 흐릿한 눈으로
어둠 가득한 먼 바다 바라본다

몽돌

그믐달 같이 옴팍진 바닷가에
몽글몽글 부푸운 옥수수찐빵 같은 몽돌

파도가 하아얀 미소 지으며 다가오면
데구르르르 온 몸을 구르며 반가워 하고

수평선 우으로 붉은 해 살짝 고개 내밀면
촤르르르르 고웁고 청아한 연가를 부른다

안개속으로 고요히 스며드는 날
그리웁고 아련한 옛 추억을 하나씩 곱씹으며

그리움 하나, 아픔 하나 몸에서 떼내어
안개 너머 저편으로 살며시 띄워 보낸다

철길

새벽 안개속 아스라이
스며드는 철길 위로,

화사한 벚꽃
푸르른 잎그림자
빠알간 단풍잎
하아얀 눈송이

다정스런 연인
산책나온 개
집으로 가는 한 남자와
하얀 구름
푸른 바람

질문

세상이 마구 흔들린다
교회도 마구 흔들린다

세상은 스스로 흔들리는 것인가
교회도 스스로 흔들리는 것인가

세상은 자기의 길을 가는 것인가
교회는 자기가 가야 할 길을 가고 있는가

나는 어떠한가
나는 어떠해야 하는가

세상 내음새가 나에게 가득 배었나
주님의 향기가 나에게서 배어나기는 하는 것일까

흔들리는 세상과 교회를 보며, 또 나를 본다
그리고 여명의 하늘을 애달피 올려다 본다

바람은 시인이다

휴일 아침
게으른 눈으로 누워
시를 읽는다

창틈으로
살랑 불어오는 가을의 향기

처마끝 풍경의 영롱한 울림
하느작 나팔꽃의 가벼운 속삭임
흐느끼는 코스모스의 연분홍 그리움
짝찾아 쏘다니는 메뚜기의 분주한 날개짓

바람이 가을위에
써내려간 아름다운 시

내 부푼 마음은
가을속으로 풀어져 스며들고…

가을은 시집
바람은 시인

도시의 그믐달

어스름 새벽 하늘에
사알짝 그려진 여인의 엷은 미소는
하루를 여는 스위치

이른 출근길 까치가
허공을 힘차게 날개짓하며
어여쁜 입술에 가벼이 입맞춤하자

도시의 아파트에도
한 집 두 집 불이 켜지고

일터로 향하는 소중한 이를 위하여
밥공기에는 김이 모락 오르고
된장국에는 사랑이 끓고 있다

교회당 십자가의 은은한 불빛은
밤새 도시를 보듬는다

함박눈

출근길
땅우로 오르니
오마나 오마나 함박눈 나려

도시에도
뜨거운 나의 심장에도
하아얀 눈이 나려

그리운 친구도
풋풋한 시절도
송이송이에 아련히 어리어

갈 길 잃고
눈내리는 골목길만
혼자서 호젓이

夜雪景

밤새 소복이
흰 눈이 내립니다

이른 새벽 개 짖는 소리위에
조용히 내립니다

예배당 높은 지붕위에도
지조있게 내립니다

깨끗하게 살라고
깨끗하게 내립니다

아름답게 살라고
아름답게 내립니다

간밤에 마당에
흰 눈이 곱게 쌓였습니다

새하얀 하늘길 걷고파
새하얀 눈길 걸어봅니다

언제나 옆자리에

인생길
굽이굽이

진흙땅
질퍽하여

저 강 건너면
고운 모래밭

소망의 눈길
애처로이

퍼질러 앉은
머리 우로

하이얀 구름
나래 드리우고

포근한 바람은
언제나 옆자리에

산중에 가을이 오는 소리

산내음 싱그러운 고개길 너머
사부작 걸어 오는 산그림자의
콧노래 소리가 가볍다

나뭇잎에 맺힌 빗방울 떨어지는 소리
잔가지 뚜둑 부러지는 소리
산비둘기 푸드덕 날갯짓 소리
잎사귀에 미끄러진 햇살이
흙내음우에 아롱아롱 속삭이는 소리
살그머니 다가오는 계절에 흠칫한 고라니가
후다닥 수풀 사이로 내빼는 소리

그리운 친구가 찾아오는가
저 멀리 외딴 집 개도 반가이 짖는다

까치밥

늦가을 감나무에
농익은 홍시가 주렁주렁

헐벗은 가지에는
허기진 까치 한 마리

달콤한 가을볕 한입 베어 문
까치의 눈매가 한결 여유로워

가벼이 날갯짓
산그림자 드리운 가을 속으로

바다로 간다

새벽,
바다로 간다
넘실대는 삶의 현장으로

응원,
아내의 애틋한 손짓
갈매기의 힘찬 날개짓

희망,
그물 가득 고기는
올망졸망 아이들의 미래

파도,
뱃전에 부딪히는 거친 용트림은
생을 어쩌지 못하는 환상의 물보라

항구,
지친 육신의 쉼터
항해를 마친 자의 영혼의 보금자리

새벽기도

어두움에 짓눌려
마음속 한판 전쟁을 치른 후에야
눈 비벼 뜬다

하루의 시작을 주님과 함께,
수시로 결단과 포기를 반복하다가
다시금 심중에 굳은 결단 하나를 보탠다

예배당으로 가는 길
새벽공기가 하얗게 온 몸을 감싼다

성령의 바람에 돛을 올려라
내 삶의 항해를 온전히 믿고 맡기며

하나님의 말씀 안에 닻을 내려라
잠시 흔들리고 요동칠 수 있으나
영영 떠내려가지 않도록

새벽에 만나는 주님의 음성은
하루를 걸어가는 이정표

096
097

구름

진눈깨비 소복이 뿌려진
얄브리한 살얼음 우로
봄이 사브작 걸어 오듯이,

바다빛 하늘에 놓인
소보로빵 구름을 징검다리삼아
가을이 껑충 뛰어 오누나!

돌담

큰 돌 작은 돌
하얀 돌 까만 돌
둥근 돌 모난 돌
얼기설기 돌담에

구멍은 송송
바람은 쏭쏭
태풍도 쓩쓩

2부 작은 생명과 시

너랑 걸어가네 꿈다-

새벽 이슬

새벽의 고요를 머금은
님의 모습은 청초하다

깊은 어둠속 홀로 흘린
붉은 땀방울,
서늘한 새벽 기운에
순백의 이슬방울로 영글었구나

간밤의 시름 곱게 갈무리한
님의 자태가 단아하다

생명의 빛

새벽을 고이 기다리는
사위 어두운 그 곳
아득한 태초의 빛이런가
밤하늘 뭇별들의 영롱한 빛
늦장쟁이 소박한 그믐달

붓대롱 깊은 속살에
밤하늘의 빛을
오롯이 품었다가
맑은 이슬
순결한 바람
고운 새소리의
새벽녘 달콤한 속삭임에
한껏 오므린 입술
화알짝 청보라빛 미소짓고는
생명의 빛, 기쁨의 소식을
아랫 마을에 은은히 외친다

한낮의 뜨거운 해 아래
꽃봉오리 오그라드는 그 순간까지

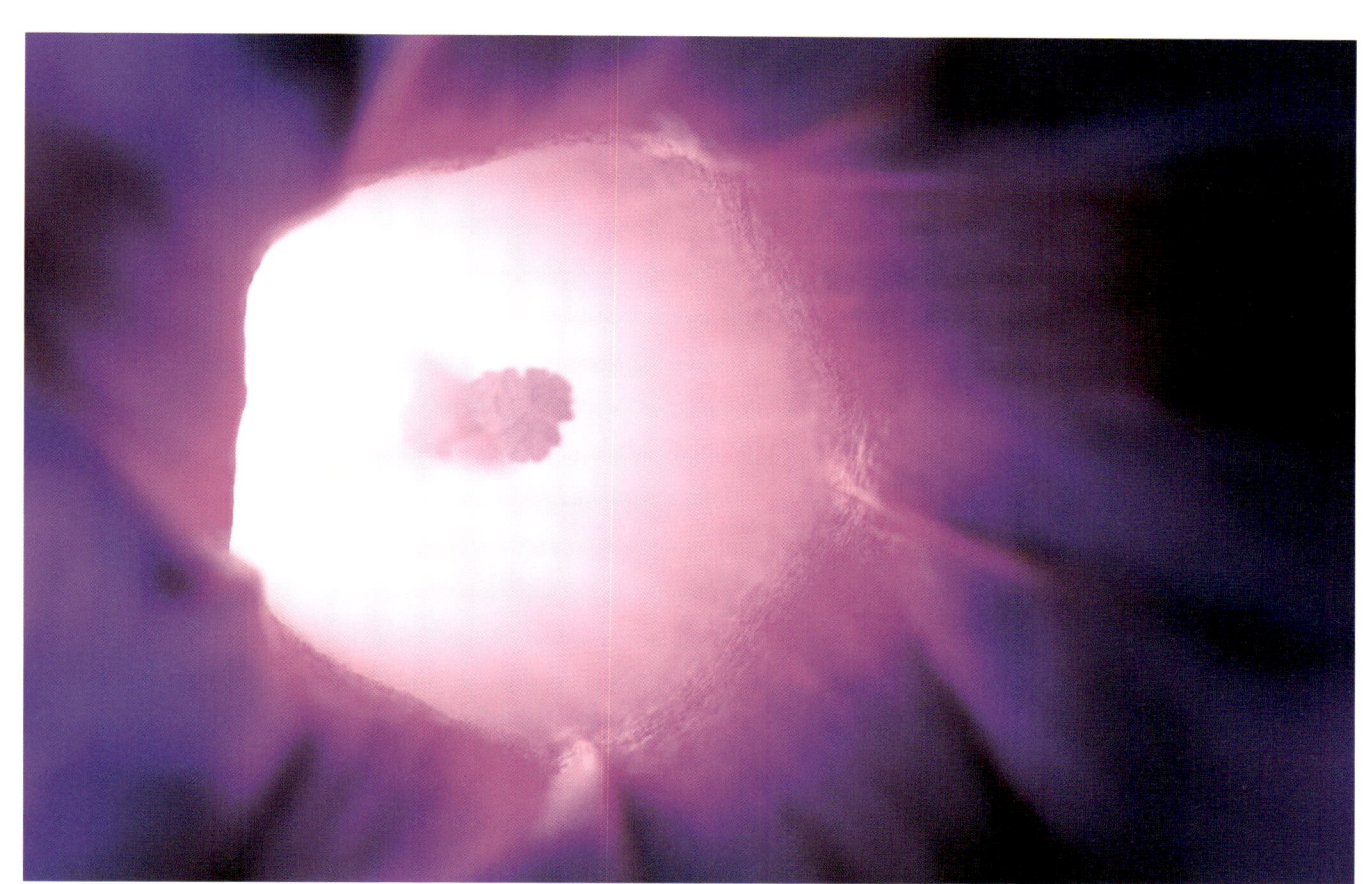

너랑 걸어가니 좋다

아카시아향기 맡으며
새벽 일찍 길을 나선다

지나온 발자국 흐릿하고
앞에는 아득하고 가파르다

행여 미끄러질 새라 불안하여
솔가지 사이로 불어오는
작은 바람에도 온 몸을 떤다

외롭고 두려운 길
혼자라면 쉬이 지칠법한 그 길
같이 걸어가니 좋다

수줍게 눈웃음하며
도란도란 걸어가니 좋다

너랑 걸어가니 좋다

친구

꽃봉오리,
오롯이 혼자 작은 꽃잎 피운 듯
스스로 자고하다

꽃봉오리,
봄바람에 살며시 실눈 뜨자
까암짝 놀란다

따가운 햇볕 내리쬘 때
가녀린 몸 활짝 펴서
시원한 그늘 만들어 주고,
목말라 신음할 때
생명같은 이슬 한 방울 또르르 굴려
다시 소성케한
한 작은 풀잎

나에겐 이런 멋진 친구가 있다
너에게도 그런 친구가 있겠지

달팽이

퇴근 후 저녁식사를 하려고
상추를 씻다가 발견한 달팽이
며칠 전 어머니가 인천에 올라 오실 때
시골에서 가져온 상추에 꼭 붙어 있었다

평생을 땀과 눈물, 사랑으로 키우시고
늙으막에도 굽은 허리 숙여서
소박한 땅뙈기에 상추를 심고는
자식들 좋은 것 먹이려고 약도 치지 않으셨다

쓸쓸하니 남은 시골집에 홀로 긴긴 밤을 지새며
도시로 보낸 다 큰 자식 그리워하는 마음이
달팽이가 되어 밤새 꼬물꼬물 거리다가
힘들게 안방 문턱을 넘는다

급기야 360키로 먼 거리를 한달음에 달려오셨다가
뭐가 그리 급한지 서둘러 시골집으로 되돌아 가셨다
그리운 어머니 마음만 덩그러니 남겨 놓으시고는…

달팽이에 실려온 모정

며칠 전 퇴근 후 집에서 저녁을 먹으려고 아내가 주방에서 이런저런 요리를 준비하고 있었다. 그런데 갑자기 비명과 감탄이 섞인 목소리로 "와"하고 탄성을 지르길래 뭔가 싶어서 다가갔다. 아! 작은 달팽이가 물바가지 안에 있는 상추 사이에서 앙증맞게 꼼틀꼼틀 움직이고 있는 것이 아닌가.

아내는 상추쌈을 준비하고 있었다. 그 상추는 1주일 전에 시골에 계신 어머니가 새로 개업한 큰 형 가게를 들러 보시려고 작은 형들과 함께 인천으로 올라오셨을 때, 당신이 직접 기른 상추를 비닐봉지에 넣어서 가져오신 것이다. 자식들 주려고 약을 전혀 치지 않은 것이라, 상추잎 여기저기에는 벌레가 먹어서 구멍이 뽕뽕 뚫려 있었다. 그래서 달팽이도 상추에 달라붙어서 살 수 있었으리라.

아내는 어머니로부터 받은 상추봉지를 냉장고에 넣어 두고 이미 2번이나 꺼내 먹었는데, 그 때마다 식초를 물에 풀어서 깨끗하게 씻어냈다고 한다. 그런데 어쩐 일인지 이번에는 식초를 풀지 않고 그냥 물로만 씻고 있었는데, 아마 식초를 풀어서 씻었더라면 달팽이에게 상당히 강한 충격이 줄 수도 있었겠다 싶었다. 순간 아찔하면서도 다행스러웠다.

상추에 달팽이가 딸려서 왔다는 사실이 우리에게는 너무나 놀랍고 신기했다. 달팽이는 영덕 영해에서 인천까지 상추에 꼭 붙어서 무려 360km를 이동하였고, 냉장고안에서 공기도 없는데 며칠을 버텼고, 이번에만 유독 식초로 씻지 않아서 살아난 것이다. 즉, 달팽이가 지금까지 살아 있는 것이 기적이었다.

갑자기 알 수 없는 뭉클함이 느껴져서 하루의 피곤이 소리 없이 사라지고, 우리의 저녁 식사자리가 약간의 들뜬 분위기가 되었다. 이 달팽이를 집에서 키울까 어떻게 할까 약간은 흥분하여 수다를 떨다가, 저녁을 먹고 난 후 근처 공원에 고이 놓아 주기로 했다. 그래서 밥먹는 동안 작은 접시에 상추를 하나 깔고 그 위에 달팽이를 놓아서 멀리 도망 못가게 거실에 두었다. 밥먹으면서도 어찌 있나 궁금해서 살짝살짝 가보는데, 달팽이는 깔아놓은 상추를 갉아먹으면서 점점 상추 구멍이 커지는 것이 아닌가. 마치 요나의 박넝쿨이 연상되는 순간이었다. 달팽이가 상추를 먹는다는 사실도 몰랐는데, 그 지쳐 쓰러져가는 기진맥진한 것이 삶에 대한 그 진하고 깊은 생명력을 느꼈다.

우리는 밥을 빨리 먹고, 작은 비닐봉지에 달팽이와 달팽이가 갉아 먹고 있는 상추를 같이 넣어서 근처 공원으로 갔다. 그리고 어떠한 효과가 있는지는 몰랐지만, 혹시나 공기가 부족할까 해서 비닐봉지에 작은 구멍을 내주었다. 나의 세심한 배려라고나 할까.

부영공원안 숲이 약간 우거진 쪽으로 가서 달팽이를 조심스레 놓아주었다. 부디 잘 적응하여 살기를 진심으로 바랬다. 아내의 손을 잡고 집으로 돌아오는 길이 흐뭇했고 뭔가 따뜻한 기운이 충만하게 느껴졌다. 그것은 달팽이에서 어머니의 사랑을 느껴서일 것이다.

그대 손 지그시 잡고

새벽풀빛으로 물든 언덕길
그대 손 꼬옥 잡고
체리따러 오른다

겨우내 몰아친 세찬 바람
묵묵히 견디어 내더니만,
촉촉히 내리는 봄비
정다운 새들의 노래소리에
기어이 빛고은 열매가 주렁주렁

붉게 물들어가는 고운 빛깔은
그대 볼에 퍼지는 환한 미소

입속으로 쏘옥 들어가 퍼지는 체리향기는
구비친 인생길마다 목마름 씻어주는
그대의 싱그러움

손이 닿지 않는 높은 곳
발꿈치 들지 않고
새들에게 쉬이 양보하는
그대의 넉넉함

석양으로 물든 언덕길
그대 손 지그시 잡고
풀빛 사이로 스며오는
그대 향기 맡는다

찔레꽃

산모퉁이에 소담하게 핀
하얀 찔레꽃
사브작 산길 걸어가니
아련한 고향 봄마당

고모등에 업혀 곱게 벗겨진
찔레순 먹는 한 순둥이 아이

울면 낫으로 벗겨 주던
할배의 송구를 맛나게 먹는다

이제는 그 맛이 혀끝이 아니라
가슴에 붉게 몽울져 있다

*송구(송기) : 봄철에 물이 오른 소나무의 속껍질

씀바귀꽃

길가에 살포시 앉아서
노오란 옷 곱게 차려입고
사랑스런 눈빛 보낸다

무엇이 그리 바쁜지
바람도 머물지 않고
구름도 눈길 주지 않고
언덕 너머로 쏜살같이 날아간다

어깨 죽지에 기운이 빠지고
맥이 풀린다
외로움과 서러움이 몸속 깊숙이서
흐느낀다

지나가는 청년,
잠시 멈추어서서 무릎을 꿇고
손으로 나를 쓰다듬는다
그리고 다정한 눈으로 나에게
속삭인다
너는 내가 그토록 찾던
보배로운 진주로구나

아!
잡풀인 줄 알았는데,
보배로운 진주라니
새 힘이 뻗친다
어깨가 펴진다
땅에 머리를 박고 있었는데
다시금 하늘을 본다

나를 고들빼기꽃과 비교하지 말라
나는야 나는야
씀바귀꽃!

꽃마리의 봄노래

봄이 무르익을 즈음 우리 주변에 다가오지만, 바람따라 내젓는 그 손짓이 작다
바쁜 사람에게는, 그리고 높은 곳만 쳐다보는 사람에게는 그 손짓이 덧없다

솔향기 가득한 그 곳

솔향기 가득한 그 곳
부엉이 소리에 잠 못 이루고
조용히 문열고 나가
하늘 바라본다

흘러가는 구름
새벽 미명에 아직 파랗고
밤새 어둠속에서
두려움과 불안으로 몸을 떨던,
자신의 손 만을 굳게 믿으며
앞날을 개척해 나가겠다
다짐했던 한 청년

산 너머 작은 빛조각에
붉은 마음 조금 조금 차오른다
향기로운 솔내에
굳게 쥔 주먹 살포시 펴진다

솔향기 가득한 그 곳
푸른 꿈 짙어진다

풀숲고랑 괭이

바람 좋은 봄날
산나물 뜯으러 가는 할머니,
보자기를 허리에 질끈 동여 매고서는
괭이, 호미 들고 뒷산 오른다

꼬불꼬불 비탈진 산길 모래기까지
다섯 살 응석받이 손자 뒤따라간다
따스한 봄햇살, 산새소리 친구삼아
할머니 뒷꽁무니 뒤쫓아간다

여기가 어디라고 따라오냐며
손사래치는 할머니의 야단에,
뿔이 이마까지 나서
할머니 손에 들린 괭이를 낚아채
풀숲고랑으로 냅다 던져버린다

그러고는 꽁무니가 빠져라
조그만 양팔 힘차게 휘저으며 내뺀다
연초록 바람소리, 싱글싱글 새소리 틈새로
할머니의 우렁찬 고함소리 뒤섞여 쫓아온다

아련하며 그리운 기억 저편의 풀숲고랑 괭이,
흐르는 세월의 강을 성큼 건너와서는
머리 희끗한 중년의 남자앞에 놓여 있다
저 산 아름답게 넘어가는 노을빛 받으며
돌 위에 고요히 놓여 있다

할머니는 지금 요양병원에 조용히 누워 계신다

앵두

봄바람이 살랑살랑
하아얀꽃 나폴나폴
꿀벌들은 왔다갔다
귀연열매 송알송알

봄햇살은 포근포근
봄비소리 소근소근
빨강열매 주렁주렁
이내마음 두리둥실

수양벚꽃

바람에 휘날린다고
지조없다 하느냐

임그리움 멍울져
꽃잎마다 맺혔거늘!

천사의 나팔소리

하늘로부터 나팔소리 울린다
밤새도록 우렁차게 울린다
세상의 빛이 되라고
시대의 어둠을 밝히라고

하늘로부터 나팔소리 울린다
세상 위하여 애달프게 울린다
주안교회가 그 사명을 감당하라고
성도들 한 사람 한 사람이
횃불을 가슴에 품으라고

하늘로부터 나팔소리 울린다
매일매일의 일상속에서
서서히 가라앉아 가는 우리에게

큰 나팔소리에 화들짝 놀란다

빛 바랜 윤슬

말없이 돌아보니
아득한 그리움

씁쓸히 되돌아보니
아리한 회한

빛바랜 윤슬은
한때의 푸르름
풋풋한 첫사랑
왕년의 그 시절

한발 살짝 내딛으면
그 시절 그리로
건너갈 수 있을 듯 한데

굴포천의 석양에
젖은 날개 접고
고요히
말없이

잡놈

달빛 은은하고

별빛 찬란하여

혹여나 설레는 맘

빼꼼히 사립문 내다보니

기다리는 님은 오지 않고

잡놈만 기웃기웃

마른 풀이파리

가늘은 빛줄기 몇 가닥 어리는 숲속에서
잔바람에 사운대는 마른 풀이파리 하나가
고요히 눈을 감고 있다

지난 여름의 타는 듯한 목마름에
싱싱한 푸르름을 심지까지 소진하고는
이제는 버티기에도 버거워서
등허리가 밑으로 축 쳐졌다

지난 세월 무료히 되새김질하며
멍하니 그림자속을 내려보다가
발밑에 옹골차게 올라오는 새싹풀

아!
비록 초라하고 형편없는 몸짓이지만
이녀석들 뜨거운 해, 세찬 비바람을
조금이나마 막아주는 것이
내 마지막 소명이던가

오늘도
마른 풀이파리 하나는
살랑이는 바람을 벗삼아
몇 가닥 빛줄기를 벗삼아
마른 숨을 고르고 있다

밤톨

파릇파릇 보들보들 야들야들한 여린 밤톨

세월 흘러 사납게 가시 돋친 것은

지켜야 할 자식이 있기 때문인가

알밤

비바람 막으며
달빛 태교로 고이 품었는데

어느새 머리 굵었다고
안에서 고개 내밀며 보챈다

아쉬움의 빗장 열어
떠나보내려니 아릿하다

가을볕에 살갗이 따갑구나

민들레의 일생

호기심에 고개 빼꼼 내밀다가
짓궂은 바람결에 갓털이 빙그르르

낯설은 흙속으로 삐집고 들어가
부대끼고 어우러져 뿌리 겨우 내렸다

싱그러운 노란색 향기에
내노라는 벌과 나비 기웃기웃

그녀의 마음은 일편단심
저녁 노을 연붉은 입맞춤에
백년가약 약속했는데,

아뿔싸!
알고보니 그이 마음밭은 비단결
손발은 가시밭길 드센 가시

제 정신 차렸을 땐
이미 자식들이 올망졸망

우짜든지 살아내려는 모진 마음은
타는 듯한 햇살 아래의
땀, 땀, 땀
눈물, 눈물, 눈물

비탈진 밭고랑 호미질에
품 떠난 자식들에 대한 그리움
시퍼렇게 찍혀 나오면,

밭둑 감나무 그늘에 풀썩 주저앉아
저 산 너머 가는 둥실둥실 구름에
속눈물 태워 보낸다

그녀의 마르고 볼품없어진 모습이
어느듯 꿈에도 애절하게 그리던
친정엄마를 닮아 있었다

*갓털 : 민들레의 열매 상단에 생기는 털 모양의 돌기. 바람을 타고 날아가 씨를 퍼트리는 데 도움을 준다

거미줄

등골을 타고 내리는 뜨거운 물줄기
아! 따가운 햇살이
거미줄에 칭칭 다 감겼으면…

고달프게 그물을 던지는 어부의 억센 팔매질
아! 어여쁜 진주가
그물에 다 걸렸으면…

장닭과 달개비

산골짝 맑은 그랑 따라
사브작 걸어 오르면
감나무 푸른 그림자 사이로
송골송골 맺히는 물방울은
차가븐 바위의 눈물

외딴 재 할배집
가파른 돌계단 지나 마당 입구에는
시뻘건 벼슬 곧추 세우고
늠름하게 버티고 서 있는
장―닭!

부라리는 사나운 눈초리에
다섯 살 배기 여린 아이는
얼어 붙어 오가도 못하고
톡 터져버려 그렁한 눈망울에는
마당에 핀 달개비의 남빛 꽃잎이
고옵게 어린다
      ·
       ·
        ·
저녁 노을 느릿한 산책길에
달개비꽃이 소담히 피어 있다

이슬방울

나뭇잎에 맺힌 영롱한 이슬방울은
펜끝에 몽울진 시인의 향기

나뭇잎에 맺힌 청아한 이슬방울은
어둠을 놀래킨 새벽새 노래

나뭇잎에 맺힌 발랄한 이슬방울은
꽃밭에 노니는 노랑나비 날개짓

나뭇잎에 맺힌 토실한 이슬방울은
긴겨울 단도리 다람쥐 먹이

나뭇잎에 맺힌 떨리는 이슬방울은
한치도 모르는 내일의 불안

나뭇잎에 맺힌 다정한 이슬방울은
외로이 스치는 바람의 친구

나뭇잎에 맺힌 촉촉한 이슬방울은
어둔밤 애끓는 그분의 눈물

나뭇잎에 맺힌 처연한 이슬방울은
찹날에 어리는 그분의 고독

나뭇잎에 맺힌 찬란한 이슬방울은
햇살에 비치인 그분의 영광

매화향기

한줄기 가녀린 별빛 만이
고요히 고요히 흐르는 밤

청초한 매화꽃 시린 향기
차운 어두움 새하얗게 물들인다

고이 품은 애절한 그리움
소소히 별빛에 향그럽게 배어

아득한 님그림자 소담히 비추면
산새는 밤새 단아한 울음 운다

살갈퀴

해거름 봄빛이 설핏하고
꽃향기 산새소리 소곤대는
조븟한 시골길 우로
잔바람이 사운거린다

산들 바람결 따라
보랏빛 들풀꽃의 손짓이
사붓거리는 발걸음을
놓치듯 간지런다

아!
낮디 낮은 땅바닥
눈길도 미치지 않던 그곳에는
뜨거운 숨결을 다소곳이 오므린
오련한 보랏빛의 정결한 미소

말없이 다문 입술은
애타게 부르는 그리운 연가
청초한 연붉은 실핏줄은
밤마다 아로새겨진 눈물자국

요상살벌한 이름의 연유가
탐심 충만한 세상으로부터
온전코자 하는
작디 작은 몸부림이던가

보라빛 짙은 지조의 향기가
어스름 저녁 노을 속으로
고요히 스며든다

*설핏하다 : 해가 져서 그 빛이 약하다

*조븟한 : 조금 좁은 듯이 좁다랗고 봉긋한

*사운거리다(사운대다) : 가볍게 이리저리 자꾸 흔들리다

*사붓거리다 : 소리가 거의 나지 않을 정도로 가볍고 보드랍게 발을 내디디며 걷다

*오련하다 : 빛깔이 엷고 곱다

호지말 고양이

볕살 잦아든 늦오후
실팍한 고양이 한마리가
호지말 서늘한 기와담벼락위에
늘어진 배를 착 붙이고
양다리는 쫘악 벌리고 누워
사르라니 바람에 실눈 반쯤 감는다

새벽 일찍 일어나
먹을 것을 찾으러 다니는 잽싼 걸음
차가운 눈빛들을 피하여
어두운 차 아래로 은밀하고 긴장된 걸음
숨가쁘게 버텨온 도시에서의 지난 삶이
벌써 가물가물하다

명색이 양반동네라
몸가짐새 바로 하라는 간혹 눈치에도
반쯤 뜬 실눈 외려 감는다

※호지말: 경북 영덕 영해의 전통마을

호두는 누구의 소유인가

작년 가을 어느 날
제비농장의 호두가 홀연히 사라졌다
다람쥐가 따갔는가
동네 사람들이 따갔는가
코스모스의 꽃망울에는
날쌘 의문의 그림자가 희미하게 어리었다

올해도 호두나무는
여린 분홍꽃을 피우더니
주렁주렁 쌍포를 연신 터트리며
가을속으로 달려가고 있는데,
스물스물 올라오는 불안한 의문

늦여름 오후 한가한 시간에
불안한 파문을 던지며
나무가지에서 폴짝 뛰어 빼꼼히 내려다보는
그 의문의 그림자
갈색털이 찐하고 눈이 땡그라니 밉쌍이다
청설모다!

가슴이 쿵쾅 띈다
공포스러운 탐욕과
작년 싹쓸이의 기억에
몇날 며칠 묘수를 찾았지만
떠오르지 않는다

호두를 키운 것은
너도 나도 아니고,
새벽 정겨운 이슬
포근이 어루만지는 햇살
보드라운 바람
촉촉이 내리는 빗방울
살가운 산새소리

하여 너와 나 일방의 싹쓸이는 불공평하니
서로 양보하여 반띵하는 것으로
제안해 볼까나

청설모가 이 절묘한 협상안을
순순히 받아 들이면
제비농장에 평화가 올 것도 같은데…

대한민국 상위 0.01%의 삶

나는 대한민국 상위 0.01퍼센트다

누군가 이 말에 의구심을 가지는 듯 하여
나름 평가 기준을 밝힌다

여린 분홍색 호두꽃을 보았는지
청설모가 열매를 입에 물고
나뭇가지에서 황급히 내려온 것을 보았는지
장대로 쳐서 열매를 딴 적이 있는지
파란 껍질을 벗기고 열매를 꺼낸 적이 있는지
마당에 호두를 늘어놓고 가을 햇살에 말린 적이 있는지

무엇보다도
자기가 딴 호두를 직접 까먹은 적이 있는지가
가장 배점이 높다

너는 대한민국 몇 퍼센트에 해당하는가
너만의 다른 기준이 있는가

개망초

이별이 못내 서러워
당신은 하아얀 눈물 흘립니다

설핏한 황혼빛 게을리 쬐며
지난 여름 아름다운 추억 곱삭힙니다

갈바람이 사르륵 아는 체 하자
당신은 화들짝 떠날 채비 서두릅니다

당신이 고이 지는 자리에
연분홍 코스모스 방싯 피어 오릅니다

호박지킴이

소박한 호박넝쿨 한 줄기가
종종걸음 치며 밭둑길을 바삐 건너고 있다

두 눈 부릅뜬 가을잠자리 한 마리가
외줄기 가녀린 꽃대궁우에서 경계를 서고 있다

탐욕스런 고라니가 지난 밤
연한 호박잎 하나를 싹둑 잘라 먹어서 맘이 아리다

영문 모르는 사람들은
꽃이 이쁘지도 열매가 맺히지도 않는다며 수군거리는데,

너는 어떠한 사연 고이 품었길래
외줄기 위태로운 곳에서도 호올로 자리를 지키고 있는가

스치는 초갈바람은 잠자리의 작은 눈망울에
알알이 별이 된 아름다운 추억들을 훔쳐 보았으리라

그 곳의 포도나무

메마른 언덕위
외로이 한 그루 포도나무

상처난 가지에는
검붉은 진액 엉겨 흘러내리고

시꺼먼 먹구름
깊은 침묵소리에
바람도 날개짓 멈칫한다

박힌 못 찔린 창
생기는 빠져나가고
하늘 쳐다보는 핏빛 눈망울
원망은 없고 그리움 가득하다

어둔 밤은 다가오는데
눈내리듯 고요한,

그 곳의 포도나무!

씨를 뿌리니

봄땅에 호미골을 내고
정성스레 꽃씨를 뿌린다

비와 바람과 새소리
나비와 벌과 햇볕이 골고루 버무려져,

까아만 꽃씨가
연분홍 코스모스로 곱게 핀다

봄을 심었더니
가을이 소담스레 핀다

소망을 심었는데
행복이 하늘거린다

고마리꽃

새벽 선잠이 깨어
호젓이 고향 논둑길을 걷는다

풀잎에 맺힌 이슬은
지쳐 메마른 마음에도 내려앉아
촉촉이 적시고,

논둑 비탈에 아주 조그맣게 핀
고마리꽃
꽃인지 꽃봉오리인지

청자기색 도화지우에
순결한 연분홍 소담스레

지금까지 긴 세월
한번도 눈에 뜨이지 않던 너

오늘 나에게 수줍게 손짓하는
연유가 무엇인지 사뭇 두근거린다

가을 벼

고개를 푸욱 숙인다.

어제까지도 사뭇 뻣뻣했는데……

밤사이 무슨 일이 있었던 걸까!

고라니

연분홍 꽃잎이
지천으로 어여쁜 날

울안으로 살며시
눈땡그란 고라니

연한 호박잎은
간밤에 싹둑 잘리고

살폿 발자국에
소스라치며 내달린다

꽃비 사이로
송이눈 사이로

왕고들빼기꽃

님아!

나를 고추가루에 버무려 담그고 무치는
들풀나물로만 기억치 마라

가을 어느 날
노르스름한 미색 꽃봉오리 톡 터트리면
벌도 나비도 사랑도 바람같이 날아온단다

나도 어여쁜 어여쁜 꽃이 핀단다!

미국쑥부쟁이

가을 들길에
하얀 꽃 오불오불

붓뚜껑에 묻어왔나
동풍타고 날아왔나

쑥부쟁이 구절초 틈바구니속
설움과 외롬의 시절,

주푸레의 흙과 계곡 어리어
눈이슬 맺힌 별밤은 깊어가고…

아름다운 산하에
어느새 살갑게 우북해지니

해거름 들길에
놀빛 꽃 정겨웁다

*주푸레는 소설 '뿌리'의 주인공 쿤타킨테가 그리워하던 고향인 아프리카 감비아의 마을이름

정구지꽃

산비탈 끝자락에 찔끔
좁다랗고 꼬부랑 밭때기

호미로 기심 매는 할매는
바위우에 혼자 노는 자그마한 눈망울에
자꾸만 눈길이 힐긋

산골에 뉘엿뉘엿 해거름
할매와 어린 손자는 휘적휘적
눈마주치며 집으로 가는데
．
．
이제는 정구지밭에
그리움만 하얗게 피어

*정구지꽃 : 부추꽃
*기심 : '김'의 방언으로, 논밭에 난 잡풀

법조타운의 현수막

허공을 덧칠하는
구호, 또 하나의 구호

외치는 자의 거친 여운은
가로수를 옹골차게 홀쳐매는데,

너의 의로운 외침은
유독 생채기의 시퍼런 상처에는
차갑게 침묵하는구나!

3부 사람과 시

너랑
걸어가네
꿈다-

모델

알록달록 모자 쓰고
밭일하러 가는 어머니
실없는 막내아들이
카메라를 들이대면서
포즈를 잡아 달라고
능청스럽게 말했다

마치 기다렸다는 듯이
알록달록 천바구니를
왼쪽 어깨뒤로 휙 걸치고는
모델처럼 몸도 비틀어 주셨다
볼에 주름이 자글자글
생기는 것도 아랑곳 않고
해맑은 웃음 지으면서

지나가는 햇살도
잠시 발걸음 머무르며
이 아름다운 여인의
삶과 영혼을 위해
축복해 주었다

값없이 섭외한 모델
값주고도 구할 수 없는 모델

곱디 고운 우리 어머니

어머니의 리모컨

리모컨은 어머니의 가장 친한 친구다
새벽에 눈뜨면 가장 먼저 손이 가고
곤해서 스르르 눈감길 때도 손을 놓지 않는다
밥상에서도 한 손에는 숟가락 한 손에는 리모컨

어머니는 드라마를 줄줄 꿰고 계신다
이 드라마 끝나면 저 드라마
전원일기 끝나면 수사반장
일용어미 나오고 최불암은 여기도 저기도

어머니의 부탁을 거절하지 않는다
어머니의 곁을 떠나지도 않는다
심심하고 외로우신 어머니에게는
리모컨이 자식보다 낫다

리모컨은 어머니의 가장 가까운 친구다

어린 시절

눈망울이 산을 닮은 아이는
나뭇가지에 거미줄 돌돌 말아서
잠자리 꽁무니를 쫓다가
산골 마알간 그랑에 이르러

작은 돌 살그머니 들추면
햇살 어리는 가재
이슬풀 사이로 메뚜기
가재는 아궁이 장작불에서
메뚜기는 소박한 풍로 우에서

막내 고모는 뽕잎을 따서
누에 입을 간지르고
뽕나무에 매달려
오디를 따먹은 아이 입술은
청보라빛 나팔꽃

해거름녘 어매 고함소리에
식구들은 오르르 밥상으로
아지랑이 오르는 이밥은
양푼이에 소복이

마당에는 쑥모깃불 자욱한 연기
멍석에 들누운 아이는 별을 세다가
스르르 잠이 든다

사랑이 한 웅큼

대롱대롱 이슬방울 매달린
풀잎사귀 위로 산들바람 불고

파릇파릇 도화지 위에는
소풍가듯 노니는 하얀 구름

제비리 나즈막한 언덕위에
향긋 달사한 열매가 주렁주렁

한 웅큼 소복이 딴 딸내미의
웃음소리에 신나는 늙은 아비

뒷산 낮부엉이 소리가
오늘따라 유난히 정겨워

아비는 헤벌쭉 너털웃음 짓고
딸내미의 두 눈에는 사랑이 소복이

엄마와 딸

바닷가 모래위에
엄마와 딸

파도에 실려온 상쾌한 갈바람
갈매기의 끼룩 장단에
하하하 호호호 웃음꽃

살아오면서
우짜든지 살아내 보려고
가슴 진 응어리들이
산산이 토해져 흩날린다

삶의 파고를 헤쳐나온 전설을
딸에게 푸념하듯 노래하고
'잘 살아야 한데이' 후렴구가
아리게 구성지다

세월에 뭉개진 파도를
말없이 바라보며

친구인 듯
손 꼬옥 잡고

바닷가 모래위에
엄마와 딸…

모정

올망졸망 자식들 행여 깰새라
조곤히 가래떡 곱게 쓸고
참기름 소주병에 그득 담아

어슴프레 안개 자욱한 산길
또아리 짐을 인 여인의 잰걸음은
여린 풀벌레 울음소리에 감기우고

시장 한켠에 어렵사리 튼 자리
잡새의 날개짓만 푸드덕 요란하고
어느듯 산그림자 스멀스멀 드리운다

저 멀리 부엉부엉 산부엉이 소리에
모정(母情)은 이미 산모퉁이 돌아가는데,
발치에는 아직도
가래떡 다섯 봉지
참기름 세 병!

(시적 배경 : 강릉 새벽시장에서 물건을 파는 한 어르신.
기다리는 손님은 안오고 새들만 날아와서 약올리는 듯.
춥고 허기진 배를 컵라면으로 궁색하게.
이 분의 삶이 고난한 것 처럼 느껴져도 어떠한 희망으로 마음이 충만해있는지 외인인 우리는 알 도리가 없다.

오랜만에 재래시장에서 이 모습을 보고있자니 초등학교 다닐 때 엄마가 영해시장에서 콩나물을 파는 모습이 떠오른다. 대구로 유학을 가기 전에는 학고를 마치면 집에서 기른 콩나물을 리어카에 실어 시장에서 콩나물을 파는 엄마에게 가져가곤 했는데. 아마 시장에서 이 모습을 지켜본 사람들은 엄마의 행색이 남루하고 고단해 보여 삶의 행복을 어디에서 찾을지 의구심을 가졌을 지 모른다. 하지만 5남매의 앞날을 위해 자신의 몸을 온전히 희생한 엄마의 가슴속 희망과 행복을 누가 알았으리요!)

꿈꾸는 청년

낯선 이국땅
어느 바닷가에서
초로의 신사 한 분

해가 은은히 질 무렵
물살을 헤치는 큰 배를,
자유롭게 날아다니는 갈매기를
즐기시는 듯 부러워하는 듯
바라본다

하지만 그의 꿈꾸는 눈은
저 수평선 너머를 응시하고 있었고,
그의 뜨거운 심장은
작은 자, 나그네된 자들을 향한 마음으로
가득 차 있었다!

결코 녹록치 않는 그 무게들을
담담하게 안고 간다
자신의 두 어깨로 버티면서
한 발 두 발 사랑의 길 걸어간다
주님께 의지하여 힘차게 발걸음한다

하루 해가 저물어갈 무렵의
바다의 푸른 빛은
더욱 진하고 아름답다

소녀의 미소

눈망울이 또릿또릿
하고 싶은 일도
가고 싶은 곳도
갖고 싶은 것도
참 많아서
촉촉한 설레임으로
내일을 기다리던 한 소녀

세월 지나
직장다니며 일하고
결혼하여 아이들 낳고
가족 위하여 숨가쁜 삶을 사노라
이슬과 같은 촉촉함은
가슴 저 깊숙한 곳에
속절없이 묻어 놓았다

그러던 어느 날
큰 울림에 이끌리어
같은 생각 같은 마음을 품은
아름다운 사람들 만나서
따뜻한 눈길 간절히 필요한 곳에
따뜻한 손길 성큼 내밀었다

때로는 기쁘고
때로는 감사하고
때로는 행복하고
간혹 서럽고
간혹 서글프고
간혹 섭섭하고
드물게 외로울 때도 있었다

어느 해인가
낯선 타국의 기차역에서
초원의 빛과 향기를 머금고 온
산들바람의 살랑거림이
이 여인을 살며시 휘감자,
가슴 한 구석 깊이 묻어 둔
소녀시절의 그 설레임이
기적소리와 함께 기차역으로
촉촉하게 들어온다

눈망울이 또릿또릿한 소녀는
다시 미소짓는다

---

*사진의 모델은 미얀마카렌족 재정착난민을 비롯한 이주자들을 후원하는 단체인 '어울림이끌림 사회적협동조합'의
  살림을 도맡아 하는 권인순 사무국장

촌놈들

인생길 모래기 돌아선 기념으로
쪼로니 사진 한 장 폼나게 박는다

머리칼이 희스구레한데도
여전히 어릴 때 장난질 치던 모습 떠올라
애써 잡은 폼이 그닥 멋스러워 보이지 않고

서울말 쓰려고 나름 애쓰는데도
틈새를 삐집고 나오는 촌티가 안쓰럽다

가끔은 세상 돌아가는 이야기에 민감하여
마주보는 눈에 불꽃이 일렁이다가도
비오는 날 논물 보듯 중간에 슬쩍 물꼬를 트는
지혜와 노련함도 여유롭다

지난 겨울 사당동 작은 선술집에서
어린 시절을 되새김질하는 친구의 눈망울에
송아지 처럼 뛰놀던 나의 모습이 아련히 어려 있다

모래기 돌턱에 걸터앉아 진한 땀 닦아내며
지금까지 걸어온다고 고생했제
울퉁불퉁한 돌길 위 걸어오면서 많이 아팠제
어깨도 두드려준다

남은 길도 웃으면서
등두드려 가면서 걷고프다

노다지

생애 가장 푸르른 시절
교정에는 낭만과 막걸리와 최루탄 냄새가
뒤섞여 짙게 배었다

사색의 동산에 봄결 일렁일 때
다람쥐길의 크림색 추억을 뒤로 하고
두렵고 설렌 발걸음 세상에 내딛었다

경주마처럼 앞만 보고 달리기를 30년,
호랑이 같은 용맹한 기상은
세월의 매서움에 바람 빠진 고무풍선처럼
초라하게 쪼그라들었다

직장에서, 가정에서는
화사한 진주같이 영롱했지만
마음 한 구석 자리한 알 수 없는 공허함!

그때
운명처럼 다가온 노다지
노래로 다시 만난 지금 우리에게는
청춘을 캐내는 푸른 금맥

충무로의 밤하늘을
뜨거운 화음으로 달구고
좁은 떡볶이집에서 웃고 떠들며
나비넥타이, 드레스 입고
세상의 주인공처럼 연주하면서
이네들의 눈에는
다시금 푸른 빛이 돌기 시작하였다

노래로 만났으나
이제는 서로의 삶을 노래하고,
걸어온 길은 보지 못했으나
걸어갈 길은 따뜻한 온기 나누고프다

지금이 생애 가장 푸르른 시절이다!

*노다지는 '노래로 다시 만난 지금 우리'의 줄임말로, 고려대학교 89학번 졸업생들이 입학 30주년을 기념하여 창단한 합창단

주성기 작가 작품

희망의 빛 속으로

먼길 힘들게 돌아 왔습니다
바다 건너 이역만리서

자식 열매 주렁주렁 매달고 왔습니다
바다 건너 이역만리서

낯선 땅, 낯선 말, 낯선 사람
천지에 낯선 것만 가득합니다

때로는 앞이 보이지 않아 불안하고,
때로는 하루하루의 삶이 너무 고되어 눈물나고,
때로는 고향 땅 가족, 친구들이
사무치게 그리워 돌아가고프고,

그 순간,
입술 지그시 깨물고 희망 한 보따리 풀어 봅니다
바다 건너 이역만리서 곱게 싸갖고 온!

만만치는 않겠지만,
등줄기, 이마에 땀은 줄줄 흐르겠지만,
주렁주렁 열매 잘 건사하러
다시금 눈에 힘을 줘 봅니다

오늘도
나그네된 이들은
두 발 단단히 이 땅에 디디고 서서
희망을 두 손 아구에 꽉 쥐고
빛줄기 속으로 성큼성큼 걸어갑니다

미얀마카렌족 출신 재정착난민 1기인 쿠뚜부부가 2016년 대한민국에 정착한 후 인천 남동공단으로의 첫 출근길 모습

부평깡시장의 새벽

어스름 새벽 사뿐히 날개짓하며
둥지에서 날아와 한 켠 자리잡은 새들의
재잘거리며 웅성거리는 소리가 가비얍다

무박스, 양파망 더미가 성곽처럼 진치고
밤새 다듬은 나물을 소담히 깔아놓는
허리굽은 할매는 수문장이다

생선가게의 시어머니는 수족관에서 밤새 잠자는
물고기에게 차가운 물세례를 주고,
며느리는 좌대에 얼음조각을 날날하게 깔고서는
푸르뎅뎅한 고등어에게 냉찜질을 해준다

리어카 위의 조그만 헌책방은 추억을 팔고
얼음포대를 가득 실은 오토바이는 꿈을 배달하고
흰 머리 희끗한 가장은 자전거 뒤
쌀포대에 하아얀 사랑을 한가득 담아 뿌듯하게 달린다

김여사마늘집에는 마늘만 있으랴……!

부평깡시장의 바지런한 새벽 새들은
오늘도 추억을 꿈을 그리고 소박한 사랑을 재잘거린다

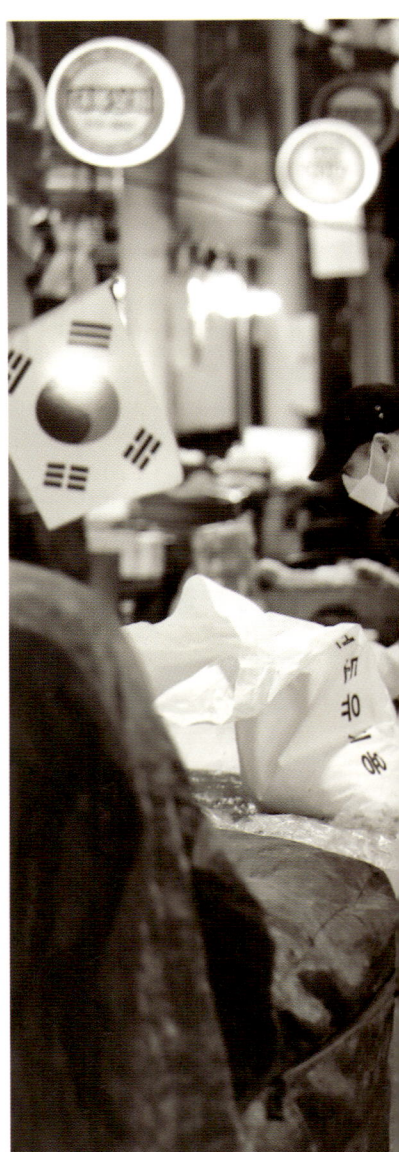

장날 가는 길

읍내 오일장 간다
탈탈탈 경쾌하게 경운기 타고 간다
고된 농사일 잠시 내려놓고
룰루랄라 즐거운 마음으로 간다

읍내 오일장 간다
개선장군처럼 무개차 타고 간다
새벽 여린 바람이 볼을 살살 간지르고
도열한 배롱나무의 꽃봉오리는
분홍빛 승리의 개가를 부른다

읍내 오일장 간다
뒷자리 회장석에 사랑하는 이를 태우고서
휘어진 뒷모습까지 닮은
아름다운 초로의 부부가
말없이,
다정히

읍내 오일장 갔다
고사리같이 작은 손으로
짐보퉁이 머리에 인 할머니 손에 매달려
깡충깡충 뛰며 가볍게,
오십리길을 걸어서 오가며,
그 옛날에…!

읍내 오일장 다시 가고프다
할머니손 잡고서,
걸어서,
지금…!

토마토 한 봉다리

저녁이 되어서야 바람이 살랑살랑
부평시장으로 동네 마실 나간다
아내랑 손잡고서 느릿느릿

길가 트럭에 가득한 토마토
하루 종일 손님 눈에 들랴
곱게 한 빠알간 화장 지워지랴
아파트 겨우 넘어가는 저녁 햇살에
지친 기색 역력하다

트럭 앞자리의 합죽이 할머니
축 처진 색바랜 런닝셔츠
겨우 지탱하는 초라한 육신
오롯이 혼자서 감당해야 하는
들숨날숨은 약하고 애처롭다

'앞에 할머니 혼자 잘 계시네요'
지나가는 아내의 한마디에

'친정엄마에요
버릴 수는 없잖아요'
짧게 되돌아온 여인의 까무잡잡한
긴 한숨이 애잔하고 뭉클하다

오천원짜리 두 봉다리 사는데
살갑게 구는 손님에게
토마토 한개를 우기듯이 넣어준다

집으로 오는 길에
아내는 가슴 한구석이 아리어
나즈막이 울먹이며 속삭인다

한 봉다리는
친정엄마 갖다드려야지…

背水의 陣

거친 파도가 넘실대는
푸르디 푸른 바다를 등지고
배수의 진을 치고 있다

고래로부터
이 진법을 이용하여서는
절반의 성공만이 있었을 뿐인데

어떠한 대적이
앞에 놓여 있길래
스스로 퇴로를 막고
비장하게 홀로 앉아 있을까
깊은 주름에 백발의 어부는

막내 아들 장가 밑천을 어찌 구하나
복장 터지는 시집간 딸년 걱정인가
그도 아니면 늙은 마누라 깊은 병 때문에

어느 하나 만만한 상대는 없지만
한땀 한땀 그물을 손질하는
어부의 손놀림에는 어느듯 힘이 들어가고
멀리 응시하는 날카로운 눈매에는
일전을 치룰 비장한 각오가 어려 있다

오늘도
늙으수레한 어부는
푸르디 푸른 바다를 등지고
한땀 한땀 그물을 손질하고 있다

이 남자의 미소

방그레 웃는 이 남자의 웃음은
노란 해바라기를 닮았다

기쁨이 넘쳐도
고되어 입에 단내가 나고
사납고 고약한 말을 들어도
늘 방그레

씨익 웃는 이 남자의 웃음은
우직스런 소를 닮았다

궂은 일도 마다잖고
산더미같이 쌓이고, 배배 꼬인 일이
앞에 놓여 있어도
늘 씨익 웃어버리고

사람이 우찌 이럴 수 있는지
믿는 구석이 나모르게 따로 있는 것일까

오늘은,
목에 메인 멍에 잠시 벗어버리고
시원한 나무그늘 아래서
팔포개고 하늘을 본다

실눈 사르르 뜨고
노란 해바라기처럼
우직스런 소처럼

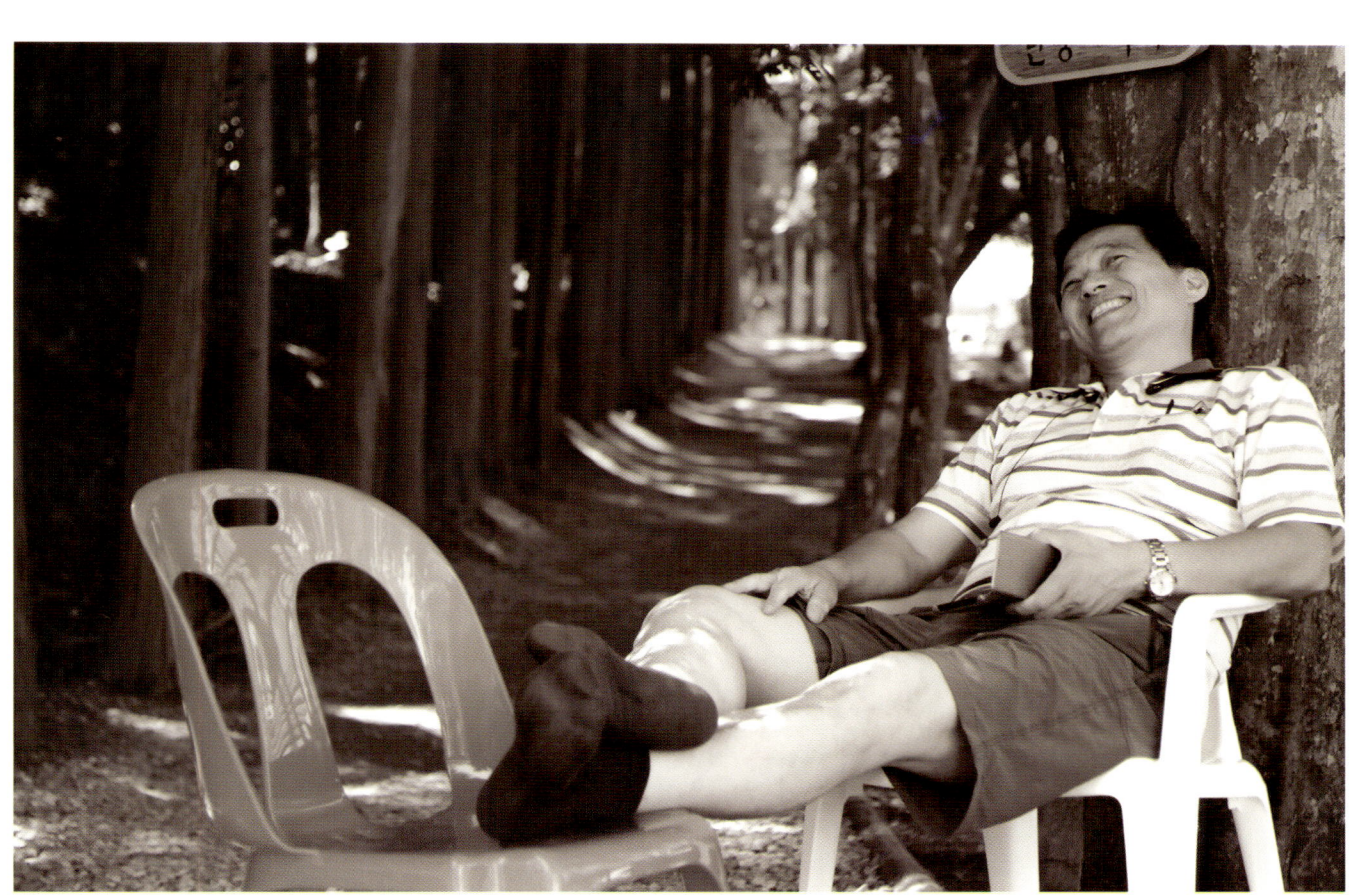

윗고 살아라

갓 시집온 막내며느리에게
시어머니의 한마디 말씀,
"윗고 살아라"

고향 사투리가 서툰 며느리는
시어머니의 말이
"믿고 살아라"로 들렸다

아! 남편을 믿고 살아가라는 말씀이구나
하는 행동이 썩 믿음이 가진 않지만
남편을 믿어보려 어지간히 애를 썼다

세월이 흘러 알게 된 사실,
"윗고 살아라"는
"웃고 살아라"는 뜻.

산전수전 다 겪으며 살아보니
서로 믿고 살아야
웃고 살 수도 있었던 것 같다

믿음과 웃음은
앞서거니 뒷서거니
행복한 결혼생활의 열쇠!

언덕을 차오르며

눈앞에 보이는 언덕
우짜든지 올라가야 한다

중간에 멈추면
다시 오르기 어렵다

휴- 짧은 한숨 내쉬며
입술을 질끈 깨문다

양팔에 힘 꽉 주고는
힘차게 언덕을 차오른다

이마에는 땀이 송글송글
등에는 연탄 백장 가득한 리어카

엄마는 언덕을 힘차게 오른다
오남매를 리어카에 가득 싣고서.

가까이, 더 가까이

어슴푸레한 하늘은 구름색을 띠고
새벽바람에 실려온 작은 빛이
포도원 한 귀퉁이에서
홀로 차가운 밤을 지새운 그대를
살포시 어루만져 깨웁니다

쫑쫑거리며 뛰노는
참새들의 가벼운 소리와
새벽숲에서 밤새 노래하는
부엉이의 묵직한 저음이
풀잎끝에 맺힌 이슬을 간지럽히는
길가에서

나는 잠시 걸음을 멈추고
작은 빛망울의 끌림에 이끌리어
그대에게로 가까이, 더 가까이 다가갑니다

그대의 모습을 바라본 순간
내 안에 작은 소용돌이가 일었습니다.
그대의 눈동자가 이리 맑고 고요하였던가요
그대의 향취가 이토록 은은하고 그윽했나요
지나온 발걸음에 미처 묻어온
눈물의 흔적들도 살짝 어리네요

그대의 고운 눈동자에는
사랑스럽게 그대를 바라보는 나의 모습과
저 멀리 수평선위로 힘차게 솟아오르는 해가
깊숙히 아로새겨집니다

나는 오늘도 그대를 바라보기 위하여
발걸음 잠시 멈추고
가까이, 더 가까이 다가갑니다

元老

둥지로 돌아가는
저녁새의 여유로운 날개짓에
붉은 해도 느릿느릿 기울고

지팡이 우에 구부정한 몸으로
고갯마루에서 물끄러미 바라다보는 이의
눈에는 이슬방울 맺혀.

푸른 몸, 푸른 마음으로 섬긴
가슴 벅찬 순간의 영롱한 기억들은
성큼 지나온 인생의 아련한 숲길 사이로
봄꽃같이 소담스럽게 피었는데

계곡물은 흐르고 흘러,
지난 날 아름다운 시절도 흐르고 흘러

용맹스런 무용담도
알아주는 이 없는 섭섭함도
흐르는 물살에 말끔히 풀어 흘러보내고

기나긴 숲길 외롭지 않게
길동무 되어준 나무와 바위, 새들에게
그립고 고마운 눈길 애틋이 보내고는
고개길을 느리게 느리게 내려간다

서산 너머로 해는 기울고
저녁 노을의 향그런 고운 자취가
진하게 진하게 여울진다

너랑 걸어가니 좋다

초판 1쇄 발행 2021년 12월 1일
초판 2쇄 발행 2021년 12월 24일

지은이 강석희
펴낸곳 장원문화인쇄   펴낸이 원병철
주 소 인천광역시 미추홀구 숭의동 346-3
전 화 032) 881-4944   팩 스 032) 881-3237
이메일 jw4944@naver.com   블로그 https://blog.naver.com/jwst4944

ISBN 979-11-91978-01-8

※ 이 책 내용의 전부 또는 일부를 재사용하려면 반드시 저작권자의 동의를 받아야 합니다
※ 책값은 뒤표지에 표시되어 있습니다